NOTICE

SUR L'ÉGLISE

D'ARC-ET-SENANS,

DÉPARTEMENT DU DOUBS,

CANTON DE QUINGEY.

LONS-LE-SAUNIER,

IMPRIMERIE ET LITH. DE FRÉD. GAUTHIER.

1852.

NOTICE

SUR

L'ÉGLISE D'ARC-ET-SENANS,

DÉPARTEMENT DU DOUBS,

Canton de Quingey,

LONS-LE-SAUNIER,

IMPRIMERIE ET LITHOG. DE FRÉDÉRIC GAUTHIER.

1852

NOTICE

SUR

L'ÉGLISE D'ARC - ET - SENANS.

Les recherches faites dans les archives de la commune ni les traditions du pays n'ont pu faire découvrir aucun document propre à éclaircir l'origine historique de l'église d'Arc-et-Senans. Les renseignements ne s'étendent pas au-delà du siècle dernier.

L'église, dans son principe, avait la forme d'une croix latine; elle avait environ 28 mètres de long, y compris le porche et la sacristie, située derrière le chœur.

La nef pouvait avoir 6 mètres de large dans le centre, et le transept était formé par deux chapelles latérales, sur plan carré, formant les bras de la croix.

La voûte de la chapelle, du côté gauche, et celle de la travée qui la joignait, étaient à ogive avec des nervures à pans coupés re-posant sur des chapiteaux de différentes for-

mes, fort simples et mutilés par les injures
du temps. Ces chapiteaux étaient supportés
par des tronçons de colonnettes, d'environ
0,60, à moitié engagés dans les pilastres
qui formaient les angles de l'entrée des chapelles.

La chapelle de droite était, dans l'origine,
semblable à celle de gauche ; mais les murs
menaçaient ruine. On avait été obligé de démo-
lir la voûte, qu'ils ne pouvaient plus soutenir, et
de la remplacer par un plancher en bois, sans
caractère; par la même raison, celle du chœur,
qui était du même style que les deux autres,
avait été remplacée par une voûte en arc de
cloître. Les croisées des chapelles étaient à
lancettes peu ogivales; elles avaient environ
2,30 de haut sur 0,50 de large; il y en avait
trois semblables dans le mur du fond du chœur
qui se trouvaient murées, et le chœur était lui-
même éclairé par deux grandes croisées per-
cées postérieurement dans les murs laté-
raux. La nef était d'une construction mo-
derne, sans style architectural : ses murs
moins élevés que les autres, et composés de
matériaux ayant appartenu à une construction
plus ancienne ; il s'y trouvait des frag-
ments de pendentifs, de nervures, de statues,
etc., la plupart noircis par le feu. Ils étaient

percés chacun d'une croisée moins élevée
que les autres, le tout couronné par un plancher droit et uni. Cette nef était défigurée
par une tribune disgracieuse qui s'avançait
jusqu'au tiers de sa longueur.

La sacristie, d'une construction plus ré-
cente, semblait avoir été faite pour soutenir
le mur du fond, qui surplombait considéra-
blement. La clef de la croisée portait le millésime de 1717 ; un millésime semblable se
lisait au-dessus de la porte du clocher, mais
il ne devait pas indiquer la date réelle de sa
construction, qui était évidemment plus ancienne.

La porte était à plein cintre, avec tableau
et sans ornements. Il y avait seulement une
pointe de diamants sous l'imposte; la corniche était à trilobe; les croisées jumelles, à
plein cintre, étaient divisées par une colonnette
grossièrement travaillée; la toiture, un dôme
semblable à la plupart de ceux qui recouvrent
les clochers franc-comtois. Le millésime ne
pouvait donc indiquer que la date de quelques réparations faites au clocher, ou celle de
la construction du dôme. La pierre sur la-
quelle il avait été gravé, avec d'autres ins-
criptions, que le temps avait détruites, et
placée en manière de placage, ne pouvait avoir
fait partie de la construction primitive.

On voit, par les dimensions sus énoncées de l'église et son état de dégradation, combien elle était insuffisante pour les besoins d'une population de 1700 âmes ; combien il était urgent de la reconstruire, de l'agrandir, et tout le monde en était convaincu depuis longtemps.

En 1809, la commune fit dresser des plans et un devis pour ajouter deux nefs latérales. Mais ce projet demeura sans exécution, les malheurs des temps et les besoins du trésor ayant obligé le gouvernement à disposer d'une somme de cinquante mille francs destinée en grande partie à cette construction.

Le conseil de fabrique, voyant que la commune n'avait plus de ressources, fit sur ses dépenses une économie qui ne s'élevait guère qu'à 1,700 fr., et comptant sur le concours des fidèles, essaya d'édifier ces deux nefs latérales. On en fit les fondations dans l'automne de 1831, et elles furent achevées l'année suivante.

En 1843, la fabrique ayant pu couvrir ces premières dépenses et réaliser quelques autres économies, entreprit de reconstruire à neuf tout ce qui restait de l'ancienne église, hormis, toutefois, le clocher. On rehaussa même les murs des nefs de 1 mètre ; on remania les arcs doubleaux reliant les colonnes, qui étaient surbaissés , et l'on remplaça le plafond par des voûtes.

Plus de la moitié de ces travaux était déjà exécutée, lorsque la fabrique jugea nécessaire d'appeler à son secours le conseil municipal. On fit dresser un devis estimatif des travaux qui restaient à faire, et qui portait la dépense à 5,500 francs ; on sollicita l'aide du gouvernement, qui accorda 2,500 francs.

Les travaux avaient été commencés en 1843 et furent terminés en novembre de l'année suivante ; les fidèles ont fait une partie des travaux de main-d'œuvre et presque tous les transports ; mais la restauration de l'église était loin d'être complète : il manquait encore des autels convenables, le clocher, des vitraux, des peintures, des ornements, un mobilier, etc.

Les choses étaient donc dans un état de déplorable imperfection, lorsqu'un fidèle, touché des efforts de la fabrique et du conseil municipal, du zèle des habitants et surtout du dévouement et des sacrifices de M. le curé, résolut de tout faire, non-seulement pour terminer les constructions, mais encore pour décorer, meubler l'église et la rendre, autant que possible, digne du culte et de son respectable pasteur. Il résolut surtout de donner aux beaux-arts une longue place dans la restauration projetée, pour leur faire payer une part de la dette qu'ils ont dès longtemps contractée envers l'église, si riche, si prodigue pour eux, à l'époque de leur renaissance, en inspirations, en encouragements, en récompenses de tout genre.

La description suivante fera voir succinctement ce qui a été fait pour atteindre ce double but.

L'église restaurée, ou plutôt réédifiée, ainsi qu'il a été dit plus haut, a maintenant 45 mètres de longueur, y compris le clocher et la sacristie ; la largeur de la nef principale, dans œuvre, est, comme devant, de 6 mètres, et celle des bas côtés de 4,25, aussi dans œuvre ; la hauteur sous voûte est de 10 mètres.

Les gros travaux étaient à peine achevés, qu'on sentit la nécessité de restaurer les deux chapelles au droit du transept, et d'en ajouter deux autres à droite et à gauche du clocher.

La chapelle à droite du transept fut consacrée à la Sainte Vierge, celle de gauche à saint François-Xavier.

La chapelle à droite du clocher, à saint

Jean-Baptiste, celle de gauche, à saint Isidore, laboureur.

Enfin, il fallait reconstruire le clocher ; exhausser tous les murs d'un mètre, pour régulariser les voûtes ; refaire une façade, etc. Ces derniers travaux furent faits par ordre du fidèle dont il a été parlé plus haut, sous la direction de M. Painchaud, architecte de Besançon.

. Le clocher, réédifié et couronné de nouveau, a actuellement, depuis le sol jusqu'au sommet de la croix, 35 mètres de hauteur.

Mais là ne se borna pas la sollicitude de celui qui voulait compléter l'œuvre : il commanda à M. Lussy, son architecte, à Paris, les dessins des autels à colonnes, en marbre, de la Vierge et de saint François-Xavier, pour remplacer les autels en bois et hors de service qui existaient auparavant. Il lui commanda également ceux en bois doré et sculpté, à droite et à gauche du clocher, ainsi que les dessins de divers objets d'art en bronze, fonte de fer, etc. dont la liste sera donnée ci-après avec celle des tableaux et statues dont il a voulu pareillement orner son église de prédi-lection.

LISTE DES OBJETS D'ART.

TABLEAUX.

Derrière le maître-autel, le *Martyre de saint Bénigne*, patron de la paroisse, peint expressément par M. Giacomelli, artiste italien, aujourd'hui fixé à Paris.

A droite et à gauche, dans le chœur, 4 tableaux de l'*Histoire de la Vierge* (Par Claude Vignon. École française, du temps de Louis XIV).

CHAPELLE DE LA VIERGE. — A l'autel, *L'Assomption*, tableau peint expressément par M. César Gariot, jeune artiste espagnol, aujourd'hui fixé à Paris.

A droite, *La sainte famille* (Par Schidone. École italienne). La gravure établissant l'authenticité de ce tableau existe à la bibliothèque nationale. Ce tableau provient de la galerie du prince de la Paix.

A gauche, *La Rédemption* (Par Pereda. École espagnole). Ce tableau provient de la galerie du maréchal Soult, et figurait dans l'inventaire de cette galerie pour une somme de 25,000 francs.

CHAPELLE DE SAINT FRANÇOIS-XAVIER. — A

l'autel, *Saint François-Xavier*, ancien tableau de la paroisse, œuvre de M. Carriage, de Vesoul. A droite, *Le Christ et la Chananéenne* (Par Annibal Carrache. École italienne). La gravure établissant l'authenticité de cette œuvre de l'un des plus grands maîtres de l'Italie, est déposée à la sacristie de la paroisse. A gauche, *Saint Joseph et l'enfant Jésus* (Par Murillo. École espagnole. Provenant de la galerie Aguado).

CHAPELLE DE SAINT JEAN-BAPTISTE.—Dans le retable, *Saint Jean-Baptiste*, peint expressément par M. César Gariot, déjà nommé. En face de la croisée, l'*Ensevelissement de N. S.*, œuvre de Gérard Siégers (École Flamande).

CHAPELLE DE SAINT ISIDORE. — Dans le retable, *Saint Isidore*, *laboureur*, peint expressément par M. Pharamond Blanchard, chevalier de la Légion-d'Honneur. En face de la croisée, *La Vierge au donataire*, œuvre de Gaspard de Crayer (École flamande).

VITRAUX DE COULEURS.

Tous les vitraux de couleurs ont été exécutés à Paris, par MM. Cartissier et Merey, sur les cartons de M. César Gariot. Ceux du chœur représentent saint Augustin, saint Grégoire-le-Grand, saint André et saint Eugène, patrons des enfants du donateur.

Les deux transparents semi-circulaires des chapelles de la Vierge et de saint François-Xavier ont été exécutés entre deux glaces, par M. Debruel, de Paris.

STATUES ET BAS-RELIEFS.

A la façade, deux statues, celle de saint Jean, évangéliste, patron du donateur, et celle de saint Pierre, patron de son père. Ces statues ont 2 mètres de hauteur; elles sont coulées en fonte de fer d'un seul jet.

Deux grandes coupes thurifères, ornées de guirlandes, de têtes d'anges et surmontées d'une croix (dessins de M. Lussy).

Dans l'église, en face de la chaire, un christ doré, de 1 mètre, porté par des nuages et des chérubins. Fonte de fer coulée d'un seul jet.

A la chapelle de la Vierge, une statue de 1,20 de la Vierge, dorée et coulée d'un seul jet, en fonte de fer.

A l'autel de la Vierge, cinq bas-reliefs dorés, en fonte de fer, représentant les quatre Évangélistes et l'agneau pascal au milieu.

Toutes ces pièces ont été exécutées par M. Ducel, à Paris.

Au pourtour intérieur de l'église, quatorze bas-reliefs du Chemin de la Croix en bronze antique, cadres vieux chêne à filets dorés, exécutés en cuir repoussé par M. Dulud, à Paris.

MARBRERIE, BRONZES.

MAÎTRE-AUTEL.—On y monte par trois marches en pierre profilées ; le palier est en marbre blanc avec compartiments, losanges de marbre rouge et noir.

Le soubassement de l'autel est en marbre noir, et toute la partie supérieure en marbre blanc poli. Sur le devant, dans une table renfoncée, l'agneau pascal entouré de rayons et sculpté dans le marbre. Aux deux extrémités, sont deux pilastres, à tables renfoncées dans lesquelles sont sculptés, à droite un cep de vigne avec grappes, et à gauche des épis de blé.

De chaque côté de l'arrière-corps, aussi dans des tables renfoncées, une croix grecque avec rayons et triangle.

Au milieu du gradin supérieur, un motif d'ornements, aussi sculpté dans le marbre.

Le tabernacle est en marbre blanc aussi poli ; les quatre angles sont ornés de colonnes corinthiennes, surmontées d'un entablement du même ordre.

L'archivolte en marbre avec clef ornée contient la porte du tabernacle en bronze doré, représentant le calice.

Toute cette marbrerie a été exécutée par M. Joteraut, de Lyon.

Le tabernacle est surmonté d'une coupole en bronze doré, ciselée à écailles, avec piédouche, supportant alternativement un christ en bronze doré, ou un riche ostensoir de même.

Ces pièces ont été exécutées par M. Ducel, à Paris, sur les dessins et sous la direction de M. Lussy.

La garniture du maître-autel se compose de six grands chandeliers de 1 mètre, en bronze doré et ciselé ; de quatre grands vases en fonte de fer argentée au platine, aussi par M. Ducel.

A droite et à gauche du maître-autel, sont deux crédences en marbre blanc supportées par des piédouches en fonte bronzée et mordorée.

Le chœur est éclairé par quatre grandes girandoles d'applique, en bronze doré, exécutées par M. Barbedienne, à Paris.

Le lutrin, en fonte de fer ornée, bronze et mordoré, a été exécuté par M. Ducel, ainsi que la pile des fonts baptismaux.

APPUI DE COMMUNION.—L'appui est en marbre blanc à jour. Sur chaque vantail de la porte est sculptée et découpée une croix grecque avec rayons et triangle au centre.

Le tout a été exécuté par M. Fontaine, marbrier à St-Amour.

CHAPELLE DE LA VIERGE. — L'autel, tout en marbre blanc poli, est adossé à un retable d'architecture construit tout en marbre. L'ensemble se compose d'une grande archivolte ornée et refouillée de canaux et supportée par quatre colonnes, et autant de contre-pilastres.

L'archivolte, l'entablement, les contre-pilastres et arrière-corps, sont en marbre de couleur des carrières de St-Amour.

Les quatre colonnes ioniques en marbre blanc sont ornées de bagues, cannelures, filets, etc., et le premier tiers est entouré d'un feuillage sculpté en hélice.

Entre les colonnes, est le tableau de l'Assomption, dont il a été parlé plus haut, dans un cadre doré riche sur un fond en marbre bleu turquin.

Les avant-corps sont surmontés d'ajustements et croix en fonte dorée; dans la frise, couronnes de fleurs de même.

L'autel, tout en marbre blanc, comme il a

été dit, est surmonté de deux gradins à moulures et d'un piédestal pour la statue de la Vierge.

Il est orné des bas-reliefs décrits plus haut. On y monte par deux marches en pierre polie; le palier est à compartiments de marbre de St-Amour et jaune fleuri.

Le tabernacle, d'ordre corinthien, en bronze doré, est surmonté d'une coupole de même, ciselée, avec piédouche pour supporter le christ et l'ostensoir tour à tour.

La garniture se compose de six chandeliers en bronze argenté et ciselé, de quatre vases à fleurs en fonte de fer argentée au platine.

La chapelle est fermée par une grille à hauteur d'appui en fer bronzé et mordoré.

Toute la marbrerie a été exécutée par M. Fontaine, de St-Amour; les bronzes en fonte, par M. Ducel, de Paris.

Tout l'ensemble et les détails de cette chapelle ont été exécutés, par ordre du donateur, sur les plans et dessins de M. Lussy, architecte de Paris.

CHAPELLE DE SAINT FRANÇOIS-XAVIER. — Elle est entièrement semblable à celle de la Vierge, en face, et lui fait pendant.

Avec ces différences que l'autel, les gradins, les soubassements des colonnes, l'archivolte, la frise, l'entablement, sont en marbre de St-Amour; que les pilastres et les colonnes d'ordre ionique sont en marbre rouge de Flandre, les chapiteaux, bases, bagues et filets en marbre noir.

Les ornements qui, à l'autel de la Vierge sont dorés, sont ici en marbre blanc.

L'entourage du tableau est en pierre polie du pays, le tabernacle est en marbre blanc.

Les marches de l'autel sont en pierre polie, le palier à losanges en marbre noir et coloré de St-Amour.

Cette chapelle a été exécutée par les mêmes artistes que la précédente, sur les plans et dessins du même architecte.

CHAPELLE DE SAINT JEAN-BAPTISTE. — L'autel, en forme de crédence, est formé par un piédouche et trois consoles en bois sculpté supportant un retable à colonnes, aussi en bois sculpté avec corniche, archivolte, guirlandes, etc.; surmonté de deux enroulements portant une croix. Le tout est doré en plein avec des fonds argentés au platine.

Il contient le tableau de St Jean-Baptiste de M. Gariot. La chapelle est fermée par une grille riche, de 2,20 de hauteur, bronzée et mordorée.

CHAPELLE DE SAINT ISIDORE. — Elle est iden-

tiquement semblable à la précédente. Le retable contient le saint Isidore, laboureur, **de**
M. Blanchard.

Les bois et sculptures ont été exécutés par
MM. Chatrousse et Tissard, de Paris; les do-
rures par M. Fontaine, de Paris, et les grilles
par M. Ducel, le tout sur les dessins et détails de MM. Lussy et Manguin (*), architectes.

La grande porte d'entrée de l'église est
en chêne plein, ornée de fontes par M. Ducel.
Elle a été exécutée à Paris par M. Chatrousse,
la serrurerie par M. Dubray.

La grille du porche, en fer orné, a été
exécutée par M. Gandillot.

Toutes les peintures murales ont été
faites par M. Baldauf, de Besançon.

La grande voûte du chœur, celle du
chevet et des chapelles, sont peintes en
bleu de ciel. Sur ce fond sont appliquées,
au nombre de plus de deux mille, des étoiles
en bronze estampé et doré.

MENUISERIE ORNÉE.

CHAIRE.—La chaire à prêcher est en bois de

(*) M. Manguin vient d'être décoré, à **Lyon**, au
pied de la statue de l'empereur, comme auteur du
piédestal et du soubassement de cette statue.

chêne sculpté, de forme hexagone ; à chaque rencontre angulaire est un pilastre terminé par le bas par une console à moulures ; ces pilastres sont reliés entre eux par une guirlande de fleurs et de fruits, et couronnés par une tête de chérubin. Sur quatre des panneaux sont sculptés les quatre Évangélistes ; sur celui de la porte, un ange.

La frise au-dessous est ornée d'arabesques et entrelacs. La chaire se termine par un cul-de-lampe embrassé dans des ornements sculptés.

Le pavillon, ou abat-voix, est surmonté sur le devant d'un cartouche composé d'une croix, d'un médaillon et de deux anges, le tout relié par une guirlande de fleurs. Ce pavillon est supporté sur les côtés par deux consoles ornées de têtes d'anges ; dans le haut, au-dessous de l'enroulement, sont deux groupes de fleurs et de fruits. Sur le dossier est sculptée la Résurrection, et au plafond un Saint-Esprit.

Le couronnement supérieur, ou dôme, est terminé par une croix avec fleurons et enroulements.

L'escalier est en bois de chêne, garni d'une rampe à balustres en fer orné.

Cette chaire a été exécutée par M. Vuillemot, sculpteur à Besançon.

CONFESSIONNAUX.—Ils sont en bois de chêne,
avec portes cintrées ; aux angles sont des
pilastres à chapiteaux ornés d'oves. Ils sont
couronnés d'un entablement complet avec
frontons ; courant d'ornements, de feuillages
et motifs d'arabesques dans les tympans.

Chaque fronton est surmonté d'une croix
avec piédouche orné. Les portes sont cou-
ronnées par les mêmes moulures et ornées
de tables renfoncées ; les fonds sont divi-
sés en compartiments de même. Ces confessionnaux ont été exécutés par M. Laverre,
ébéniste à Senans, sur le dessin de M. Painchaud.

Les stalles et la menuiserie du chœur,
exécutées dans le même style que la chaire
à prêcher, sont de la main de MM. Midol
et Bourrier, de Besançon. Les sculptures
sont l'œuvre de M. Vuillemot, déjà nommé.

Enfin, l'horloge qui figure à la tour du
clocher, est l'œuvre de l'habile M. Wagner,
de Paris.